河南省地方标准

干拌废胎胶粉改性沥青路面施工技术规范

Technical Specification for Construction of Asphalt Pavement Modified by Dry-mixed Waste Rubber Power

DB 41/T 1611—2018

主编单位：河南省交通规划设计研究院股份有限公司
　　　　　河南省机西高速公路建设有限公司
　　　　　河南省公路工程局集团有限公司
　　　　　许昌金欧特沥青股份有限公司
　　　　　中交益通（北京）科技有限公司
　　　　　河南宛龙高速公路有限公司
　　　　　长安大学
　　　　　长沙理工大学
　　　　　交通运输行业公路建设与养护技术、材料及装备研发中心（郑州）
批准部门：河南省质量技术监督局
实施日期：2018 年 09 月 19 日

人民交通出版社股份有限公司
China Communications Press Co.,Ltd.

图书在版编目(CIP)数据

干拌废胎胶粉改性沥青路面施工技术规范/河南省交通规划设计研究院股份有限公司等主编. — 北京：人民交通出版社股份有限公司, 2018.10
ISBN 978-7-114-15085-2

Ⅰ.①干… Ⅱ.①河… Ⅲ.①改性沥青—沥青路面—路面施工—技术规范—河南 Ⅳ.①U416.217-65

中国版本图书馆 CIP 数据核字(2018)第 238922 号

	河南省地方标准
书　　名：	干拌废胎胶粉改性沥青路面施工技术规范
主编单位：	河南省交通规划设计研究院股份有限公司
	河南省机西高速公路建设有限公司
	河南省公路工程局集团有限公司
	许昌金欧特沥青股份有限公司
	中交益通(北京)科技有限公司
	河南宛龙高速公路有限公司
	长安大学
	长沙理工大学
	交通运输行业公路建设与养护技术、材料及装备研发中心(郑州)
责任编辑：	李　瑞
责任校对：	张　贺
责任印制：	张　凯
出版发行：	人民交通出版社股份有限公司
地　　址：	(100011)北京市朝阳区安定门外外馆斜街 3 号
网　　址：	http://www.ccpress.com.cn
销售电话：	(010)59757973
总 经 销：	人民交通出版社股份有限公司发行部
经　　销：	各地新华书店
印　　刷：	北京市密东印刷有限公司
开　　本：	880×1230　1/16
印　　张：	1.25
字　　数：	35 千
版　　次：	2018 年 10 月　第 1 版
印　　次：	2018 年 10 月　第 1 次印刷
书　　号：	ISBN 978-7-114-15085-2
定　　价：	20.00 元

(有印刷、装订质量问题的图书由本公司负责调换)

DB 41/T 1611—2018

目 次

前言 II
1 范围 1
2 规范性引用文件 1
3 术语和定义 1
4 材料 2
　4.1 干拌废胎胶粉 2
　4.2 基质沥青 2
　4.3 集料及填料 2
5 施工技术要求 2
　5.1 一般规定 2
　5.2 施工准备 2
　5.3 配合比设计 3
　5.4 混合料拌制 4
　5.5 混合料的运输与摊铺 4
　5.6 混合料的压实与成型 4
　5.7 开放交通及其他 5
　5.8 路面施工接缝 5
6 质量管理与检查验收 5
　6.1 材料检查 5
　6.2 施工过程中质量检查 5
　6.3 交工验收质量检查与验收 5
附录 A（规范性附录） 门尼黏度测定 6
附录 B（规范性附录） 干拌废胎胶粉门尼黏度试样制备方法 9
附录 C（规范性附录） 干拌废胎胶粉闪点试验 10
附录 D（规范性附录） 干拌废胎胶粉沥青混合料配合比设计 12

I

前　言

本标准按照 GB/T 1.1—2009 给出的规则起草。

本标准由河南省交通运输厅提出。

本标准起草单位：河南省交通规划设计研究院股份有限公司，河南省机西高速公路建设有限公司，河南省公路工程局集团有限公司，许昌金欧特沥青股份有限公司，中交益通（北京）科技有限公司，河南宛龙高速公路有限公司，长安大学，长沙理工大学，交通运输行业公路建设与养护技术、材料及装备研发中心（郑州）。

本标准主要起草人：王笑风、吕小武、徐琦、张豪华、吕维前、杨宏永、李芳华。

本标准参加起草人：杨博、李昊、郝孟辉、王振军、方卫华、张占军、褚付克、赵志刚、张恩华、周凯、陆俊杰、吕松涛、张慧鲜、牛军、李攀、曹红杰、胡光胜、李立元、任鹏、骆强、李东峰、岳光华、陆新焱、王修平、郭敬业、尹红亮、戴文斌、王鹏、李静、王振民、常桧炫、侯攀峰、屈武冲、冯翔、王彦凯、焦伟立、张长山、王军超。

干拌废胎胶粉改性沥青路面施工技术规范

1 范围

本标准规定了干拌废胎胶粉改性沥青路面施工的术语和定义、材料、施工技术要求、质量管理与检查验收。

本标准适用于各等级公路的干拌废胎胶粉改性沥青路面施工,其他道路也可参照执行。

2 规范性引用文件

下列文件对于本文件的应用是必不可少的。凡是注日期的引用文件,仅注日期的版本适用于本文件。凡是不注日期的引用文件,其最新版本(包括所有的修改单)适用于本文件。

GB/T 1232.1　未硫化橡胶　用圆盘剪切黏度计进行测定　第1部分:门尼黏度的测定
GB/T 3516　　橡胶　溶剂抽出物的测定
GB/T 4498.1　橡胶　灰分的测定　第1部分:马弗炉法
GB/T 6038　　橡胶试验胶料　配料、混炼和硫化　设备及操作程序
GB/T 13460　 再生橡胶　通用规范
GB/T 14837　 橡胶和橡胶制品　热重分析法测定硫化胶和未硫化胶的成分
GB/T 19208　 硫化橡胶粉
JT/T 797　　 路用废胎硫化橡胶粉
JTG E20　　　公路工程沥青及沥青混合料试验规程
JTG E42　　　公路工程集料试验规程
JTG F40　　　公路沥青路面施工技术规范
JTG F80/1　　公路工程质量检验评定标准　第一册　土建工程

3 术语和定义

下列术语和定义适用于本文件。

3.1
干拌废胎胶粉

由废胎胶粉、软化剂、活性剂等,在高温下经过特殊加工工艺制成的具有一定粒径规格,可直接与集料一起投入拌缸中进行拌和,并在运输、摊铺、碾压过程中继续发育的复合改性胶粉。

3.2
废胎胶粉干拌工艺

废胎胶粉不经过与基质沥青混溶环节,直接投入拌和锅用于生产沥青混合料的工艺。

3.3
干拌废胎胶粉改性沥青混合料

由基质沥青、干拌废胎胶粉和一定级配的矿质集料及填料,经拌和得到的符合技术要求的改性沥青混合料。

4 材料

4.1 干拌废胎胶粉

4.1.1 技术要求见表1。

表1 干拌废胎胶粉的技术要求

项目		单位	技术要求	试验方法
物理指标	含水率	%	≤1	GB/T 19208
	60目筛通过率	%	≥90	GB/T 19208
	金属含量	%	≤0.03	GB/T 19208
	纤维含量	%	≤0.5	GB/T 19208
	门尼黏度 $ML(1+4)100℃$	—	≤95	附录A和附录B
	相对密度	—	1.0～1.2	JT/T 797
	闪点	℃	≥210	附录C
化学指标	灰分	%	≤10	GB/T 4498.1
	丙酮抽出物	%	≤21	GB/T 3516 方法B
	橡胶烃含量	%	≥42	GB/T 14837
	炭黑含量	%	≥28	GB/T 14837

4.1.2 胶粉粒径宜选用0.18mm～0.25mm(60目～80目)。

4.1.3 胶粉应存放在干燥、通风处，避免紫外线照射，不得与有机溶剂一同存放。

4.2 基质沥青

宜选用符合JTG F40相关规定的70号或90号A级道路石油沥青。

4.3 集料及填料

粗集料、细集料及填料的技术要求应符合JTG F40的相关规定。

5 施工技术要求

5.1 一般规定

5.1.1 施工最低气温不应低于15℃，路面潮湿、大风、雨雪天气不得施工。

5.1.2 施工前应保证下卧层表面干燥、洁净、界面粗糙、结构完好。

5.1.3 正式施工前，应铺筑试验段。

5.2 施工准备

5.2.1 铺筑沥青面层前，应检查基层或下卧层的质量，不符合要求的不应铺筑。下卧层被污染时，应清洗或铣刨后方可铺筑沥青混合料。

5.2.2 干拌废胎胶粉改性沥青混合料(DRAC)施工温度应符合表2的要求。

表2 施 工 温 度

工 序	控制温度（℃）
基质沥青加热	155～165
集料加热	180～190
混合料出厂	160～170
混合料废弃	≥200
混合料储存	出料后降低不超过10
摊铺	≥160
初压开始	≥150
碾压终了	≥90
开放交通	≤50

5.3 配合比设计

5.3.1 配合比设计应采用沥青混合料配合比设计方法，包括目标配合比设计、生产配合比设计及生产配合比验证三个阶段，见附录D。

5.3.2 生产配合比设计阶段应对各冷料仓进行标定，按目标配合比设计的冷料比例确定各冷料仓的皮带转速。

5.3.3 混合料宜采用间断级配，设计级配范围应符合表3的要求。

表3 矿料级配范围

级配类型	通过下列筛孔(mm)的质量百分率(%)											
	26.5	19	16	13.2	9.5	4.75	2.36	1.18	0.6	0.3	0.15	0.075
DRAC-10	—	—	—	100	90～100	30～45	20～32	15～25	8～18	6～15	5～12	4～7
DRAC-13	—	—	100	90～100	60～74	25～40	18～30	15～25	8～18	6～15	5～12	4～7
DRAC-16	—	100	90～100	76～90	56～70	25～40	18～30	14～24	8～18	6～15	5～12	4～7
DRAC-20	100	90～100	76～90	63～77	46～60	20～35	16～28	11～21	7～16	6～14	4～11	3～6

5.3.4 胶粉掺量可参考已有工程经验，结合项目特点综合确定，一般为基质沥青用量的15%～20%。

5.3.5 混合料配合比设计宜采用JTG E20规定的马歇尔试验方法，其技术要求应符合表4的规定。当采用其他设计方法时，应按本标准进行马歇尔试验及各项配合比设计检验。

表4 混合料马歇尔试验技术标准

试验指标	单位	技术标准
击实次数	次	75（双面）
马歇尔稳定度	kN	≥8.0
流值	mm	1.5～5.0
空隙率VV	%	3～5
沥青饱和度	%	70～85

表4(续)

试验指标	单位	技术标准	
矿料间隙率VMA(当空隙率为4%时)	%	对应于以下公称最大粒径(mm)的VMA要求	
		19	≥14
		16	≥14.5
		13.2	≥15
		9.5	≥16

5.3.6 按JTG E20规定的试验方法进行路用性能试验,各项性能指标应符合表5的要求。

表5 混合料路用性能技术要求

项 目	单位	技术要求	试验方法
动稳定度	次/mm	≥4 000	JTG E20 T 0719
浸水马歇尔试验残留稳定度	%	≥85	JTG E20 T 0709
冻融劈裂试验的残留强度比	%	≥80	JTG E20 T 0729
低温弯曲试验破坏应变	με	≥2 500	JTG E20 T 0715
沥青混合料试件渗水系数	mL/min	≤100	JTG E20 T 0730
肯塔堡飞散损失	%	≤15	JTG E20 T 0733
析漏损失	%	≤0.1	JTG E20 T 0732

5.4 混合料拌制

5.4.1 各冷料仓应按已标定的皮带转速进行供料。

5.4.2 当原材料级配发生较大变化时,应重新进行目标配合比设计和各冷料仓的标定,并按重新标定后的皮带转速进行供料。

5.4.3 采用直投式工艺拌和,集料表面应均匀裹覆沥青结合料。

5.4.4 混合料宜采用间歇式拌和设备拌和,胶粉的投放与粗集料放料同时进行,先干拌10s~15s,再加入沥青、矿粉湿拌不少于45s,总拌和时间不少于55s。

5.4.5 胶粉的计量和投放宜采用风送或皮带运输等机械方式连续投入,投放设备计量精度允许正误差2%,不允许出现负误差。

5.5 混合料的运输与摊铺

5.5.1 混合料的运输应考虑运距、拌和效率等因素配置足够的运料车。

5.5.2 混合料运输过程中应覆盖保温。运料车到达施工场地后,应逐车检测温度,不符合施工温度要求的混合料不得使用。

5.5.3 摊铺过程中,运料车应在摊铺机前方1m~3m处空挡等候,避免撞击摊铺机。

5.5.4 混合料摊铺宜采用大功率、抗离析摊铺机单机全幅摊铺或多台摊铺机梯队同步摊铺。

5.6 混合料的压实与成型

5.6.1 混合料各阶段压实应遵循"紧跟、有序、慢压、高频"的原则,碾压温度应符合表2的规定。

5.6.2 碾压速度和碾压温度应根据试验段确定,初压长度为10m~20m,复压及终压长度为20m~50m。

5.6.3 钢轮、胶轮压路机组合方式及碾压遍数应根据试验段确定,压路机数量宜不少于 5 台。

5.7 开放交通及其他

5.7.1 干拌废胎胶粉改性沥青路面施工时应封闭交通,禁止车辆通行,待路面温度低于 50℃时方可开放交通。

5.7.2 已铺筑好的干拌废胎胶粉改性沥青路面应控制交通,不得污染损坏,并做好通车后的养护管理工作。

5.8 路面施工接缝

5.8.1 路面施工接缝应紧密、平顺,不得形成明显的接缝离析。

5.8.2 上、下层的纵向接缝应错开 15cm(热接缝)或 40cm(冷接缝)以上。相邻两幅或上、下层的横向接缝应错开 100cm 以上。

6 质量管理与检查验收

6.1 材料检查

6.1.1 进场前,各种原材料应以"批"为单位取样检测,沥青、集料等重要材料应提交正式的检测报告,干拌废胎胶粉应根据表 1 要求提供检测报告,不符合要求的材料不得进场。

6.1.2 胶粉进场后应按每 100t 或每批次的频率抽检一次化学指标,按每生产班次的频率抽检物理指标。

6.1.3 胶粉存储时间若超过 90d,使用前应进行质量检测,相关技术指标应符合表 1 的要求。

6.2 施工过程中质量检查

6.2.1 施工过程质量检查项目和频率应符合 JTG F40 的相关规定。

6.2.2 干拌废胎胶粉的掺量应按照设计文件规定执行,允许正误差 2%,不允许出现负误差。

6.2.3 混合料成品温度应逐车检测,温度符合表 5 的规定。

6.2.4 路面压实度、空隙率、渗水系数应符合表 6 的规定。

表 6 路面密实状况检查与验收技术要求

项 目	单 位	技 术 要 求		试 验 方 法
		上面层	中面层	
压实度	%	≥98	≥97	JTG E60 T 0924
空隙率	%	≤6	≤7	JTG E20 T 0705
渗水系数	mL/min	≤120	≤200	JTG E60 T 0971

6.3 交工验收质量检查与验收

交工验收过程中检查项目和频率应符合 JTG F80/1 的相关规定。

附 录 A
（规范性附录）
门尼黏度测定

A.1 试验方法

在规定的试验条件下，使转子在充满橡胶粉的圆柱形模腔中转动，测定橡胶粉对转子转动所施加的扭矩。橡胶粉的门尼黏度以橡胶粉对转子转动的反作用力矩表示，单位为门尼单位。

A.2 仪器与设备

A.2.1 模体：由不易变形、无镀层、洛式硬度不小于60HRC的硬质钢制成，包括上、下两部分，中间构成模腔，模腔直径为50.9mm±0.1mm，高度为10.59mm±0.03mm。

A.2.2 转子：应由不易变形、无镀层、洛式硬度不小于60HRC的硬质钢制成。转子分为大、小两种类型，大转子直径为38.1mm±0.03mm，厚度为5.54mm±0.03mm；小转子直径为30.48mm±0.03mm，厚度与大转子相同。转子在工作时的转动速度应为0.209rad/s±0.002rad/s(2.00r/min±0.02r/min)，偏心度或径向跳动不应超过0.1mm。转子一侧与直径10mm±1mm的转子杆垂直固定，转子杆长度应使模腔闭合后，转子上间隙与下间隙相差不超过0.25mm。

A.2.3 温控系统：由加热装置和温度测量系统两部分组成。加热装置安装在上下模体上，并使模腔温度恒定在测试温度的±0.5℃以内，试样放入模腔后，该装置应能使模腔温度在4min以内恢复至测试温度的±0.5℃范围内；温度测量系统包括测量测试温度的两个热电偶测温探头和测量模体温度的温度传感器，热电偶测温探头和温度传感器的指示温度应精确至±0.25℃。

A.2.4 模腔闭合系统：在测试期间，用液压、气压或机械装置使模腔关闭，并持续对模腔施加11.5kN±0.5kN的闭合力，使模腔保持闭合状态。当闭合模腔时，应用厚度不大于0.04mm的柔软纸巾置于上下模体间，纸巾应显示均匀一致、连续的压痕，否则表明闭合系统调整不当或模体有磨损、错误或变形，可能导致胶料泄漏或结果偏差。当试样的黏度较高时，闭合模腔可能需要较大的压力，但至少在转子启动前10s，闭合力应降至11.5kN±0.5kN，并在整个测试过程中保持此闭合力。

A.2.5 扭矩测量装置：扭矩测量采用以门尼单位为分度的线性标尺。一个门尼单位相当于0.083N·m的扭矩，标尺的精确度为0.5个门尼单位。当关闭模腔转子空转时，读数与零点之差应小于0.5个门尼单位。

A.2.6 扭矩校准装置：扭矩校准通过经标定的校准砝码完成。黏度计校准时，应在规定的测试温度下，将易弯曲的金属丝一端固定在特制的转子上，另一端悬挂经标定的校准砝码，转子以0.209rad/s的速度转动，使标尺上的读数校准至100。如果黏度计装配有转子弹出弹簧，则应打开模腔进行零位校准，以防转子压到上模腔。

A.3 试样制备

A.3.1 按GB/T 6038和有关橡胶材料标准规定的方法制备门尼黏度试验用试样，试样应由两个直径约50mm、厚度为6mm的圆形胶片组成，在其中一个胶片的中心打一个圆孔，以便转子插入。

A.3.2 试样测试前应在标准实验室温度(23℃±2℃)下调节至少30min。均匀化后的样品应在24h内进行测试。

A.3.3 试样的制备方法及存储条件都会影响门尼黏度测试结果，因此，在评价特定的橡胶性能时，应严格按照测试方法中规定的程序进行。

A.3.4 成型的试样应尽可能排除气泡,以免在转子和模腔形成气穴,影响测试结果。

A.4 试验条件

除在有关材料标准中另有规定外,试验应在100℃±0.5℃温度下进行,试验时,试样应先预热1min,再测试4min后,读取试验结果。

A.5 试验步骤

A.5.1 把模腔和转子预热到试验温度,并使其达到稳定状态。门尼黏度计在空腔运转时,门尼值记录器上的门尼值应在0±0.5范围内。检查模腔和转子上有无遗留胶料,要给予及时清理。

A.5.2 打开模腔,将转子插入带孔胶片的中心孔内,并将转子放入模腔中,再把另一块胶片放在转子上面,迅速关闭模腔预热试样。测定低黏度或发黏试样时,可以在试验与模腔、转子之间衬以0.03mm厚的聚酯薄膜,以便清除试验后的试样。但这种薄膜可能会影响试验结果。

A.5.3 试验预热1min时,转子转动4min。所获得的数值为该试样的门尼黏度值,如不是连续记录,则应在规定的读数时间前30s内观察刻度盘上的门尼值。

A.5.4 打开模腔(自动控制的设备到时间自动打开模腔),取出转子,将转子上胶料取下,清理模腔内和转子上的余胶,将转子插回模腔。

A.5.5 打印记录的曲线和各种试验结果。

A.6 试验结果

一般试验结果应按如下形式表示:

$$50ML(1+4)100℃ \quad\quad\quad (A.1)$$

式中:50M——门尼黏度,单位为门尼值;

L——大转子(小转子用S表示);

1——预热时间,单位为min;

4——转子转动时间,单位min,也是最终读取黏度值的时间;

100℃——试验温度。

测定值精确到0.5个门尼值。用不少于两个试验结果的算术平均值表示样品的门尼值。两个试验结果的差值不得大于2个门尼值,否则应重新试验。

A.7 试验影响因素

A.7.1 炼胶工艺和胶料停放时间

橡胶的塑炼、混炼和薄通等工艺对门尼黏度值有较大的影响,即与试样制备方法有关。因此做比较试样时,试样的制备要在同一方法和工艺下进行;胶料的停放条件和时间对黏度试验结果有一定影响,不可放置过久,不同的气候条件采取不同的停放时间,以免胶料在停放过程中有焦烧倾向。

A.7.2 试验温度

试验温度的波动会引起胶料黏度的波动,导致转矩值发生变化,门尼曲线出现波动,带来试验误差。因此试验温度要严格控制在规定的范围内,以确保试验数据的准确性。

A.7.3 装胶量

由于模腔的容积是一定的,装胶量的多少会影响模腔内转子的转动。如若试样没有充满模腔,会影响试验数据的重现性,所得门尼值不准确。

A.7.4 预热时间

预热时间直接影响胶料的初始门尼值的高低,应严格控制预热时间。

A.7.5 转子新旧程度

转子在长期使用之后,其表面花纹会受到磨损,出现打滑现象,影响试验结果,应及时予以更换。

附 录 B
（规范性附录）
干拌废胎胶粉门尼黏度试样制备方法

B.1 一般说明

试样的制备方法和试验前的试样调节都会影响门尼值，因此应严格按照测定方法中规定的程序进行。废胎胶粉多为混炼胶，因此，干拌废胎胶粉门尼黏度试样可参照 GB/T 6038 和有关橡胶材料标准规定的方法制备。

B.2 仪器与设备

电子天平：量程1kg，感量0.1g。

开放式炼胶机：橡胶制品加工使用最早的一种基本设备之一，其主要技术特征见表 B.1，若使用其他规格的开放式炼胶机，需调整混炼程序。

表 B.1 开放式炼胶机主要技术参数

项 目	单 位	技 术 参 数
辊筒直径(外径)	mm	150～155
辊筒长度(两挡板间)	mm	250～280
前辊筒(慢辊)转速	r/min	24±1
辊筒速比	—	1.0:1.4
两辊筒间隙(可调)	mm	0.2～8.0
辊距允许偏差	% 或 mm	±10 或 0.05，取其中较大者
控温偏差	℃	±5

B.3 试样制备步骤

B.3.1 将开炼机辊距调至 1.4mm±0.1mm，辊温保持在 50℃±5℃。

B.3.2 称取试料 500g±5g，将胶料包在前辊上过辊。第一次过辊后，将胶片对折后再次放入辊筒过辊，散落的固体全部混入胶料中，样品达到规定的厚度（6mm 左右）时，停止过辊并取下胶片。

B.3.3 取下的胶片应放置在平整、干净、干燥的金属表面冷却至室温，冷却后应用铝箔或其他合适材料包好以防污染。

B.3.4 在混炼过程中，辊筒温度应始终保持在 50℃±5℃范围内，采用精度为±1 的表面测温计测量辊筒表面中间部位的温度。为了测量前辊筒表面温度，可以把胶料迅速地从炼胶机上取下，测定辊温后再将胶片放回。

B.3.5 在制备好的胶片上裁取两个直径约 50mm、厚度为 6mm 的圆形胶片，在其中一个胶片的中心打一个直径约 12mm 的孔。裁取胶片时，应尽可能排除气泡。

附 录 C
（规范性附录）
干拌废胎胶粉闪点试验

C.1 试验方法

废胎胶粉在高温条件下，会释放出少量 H_2S、SO_2 等可燃性气体，遇到空气时，可能发生自燃现象。因此，将干拌废胎胶粉用于沥青混合料时，必须对橡胶粉的闪点进行检测，以免胶粉燃烧，危及人身和施工安全。干拌废胎胶粉的闪点检测可借鉴黏稠石油沥青的克利夫兰开口杯法（简称 COC 法）进行测定，即将干拌胶粉试样放置在规定的克利夫兰开口杯（简称 COC）盛样器内，按规定的升温速度加热，每隔一定时间使用点火器以规定的方法用试样上部扫过，初次发生一瞬即灭火焰时的试样温度即为闪点，以℃表示。

C.2 仪具与设备

C.2.1 闪点仪：采用克利夫兰开口杯式闪点仪。组成如下。
  a) 克利夫兰开口杯：用黄铜或铜合金制成，内口直径(63.5±0.5)mm、深(33.6±0.5)mm，在内壁与杯上口的距离为(9.4±0.4)mm 处刻有一道环状标线，带一个弯柄把手。
  b) 加热板：黄铜或铸铁制，为直径 145mm～160mm、厚约 6.5mm 的金属板，上有石棉垫板，中心有圆孔，以支承金属试样杯。在距中心 58mm 处有一个与标准试焰大小相当的 $\phi(4.0±0.2)$mm 电镀金属小球，供火焰调节时对照使用。
  c) 温度计：0℃～360℃，分度值不大于 2℃。
  d) 点火器：金属管制成，端部为产生火焰的尖嘴，端部外径约 1.6mm、内径为 0.7mm～0.8mm，与可燃性气体压力容器（如液化丙烷气或天然气）连接，火焰大小可以调节。点火器可以 150mm 半径水平旋转，且端部恰好通过坩埚中心上方 2mm 以内，也可采用电动旋转点火用具，但火焰通过金属试验杯的时间应为 1.0s 左右。
  e) 铁支架：高约 500mm，附有温度计夹及试样杯支架，支脚为高度调节器，使加热顶保持水平。

C.2.2 防风屏：金属薄板制，三面将仪器围住挡风，内壁涂成黑色，高约 600mm。

C.2.3 加热源：附有调节器的 1kW 电炉或燃气炉，根据需要，可以控制加热试样的升温速度为 14℃/min～17℃/min、5.5℃/min±0.5℃/min。

C.3 方法与步骤

C.3.1 将试样杯用溶剂洗净、烘干，装于支架上。加热板放在可调电炉上，如用燃气炉时，加热板距炉口约 50mm，接好可燃气管道或电源。

C.3.2 安装温度计，垂直插入试样杯中，温度计的水银球距杯底约 6.5mm，位置在与点火器相对一侧距杯边缘约 16mm 处。

C.3.3 将准备好的橡胶粉样品倒入试样杯中至标线处，试样杯的其他部位不能沾有样品。

C.3.4 全部装置应置于室内光线较暗且无明显空气流通的地方，并用防风屏三面围护。

C.3.5 将点火器转向一侧并点火，调节火苗成标准球的形状或成直径为(4±0.8)mm 的小球形试焰。

C.3.6 加热样品，升温速度迅速达到 14℃/min～17℃/min，待试样温度达到预期闪点前 56℃时，调节加热器降低升温速度，以便在预期闪点前 28℃时能使升温速度控制在 5.5℃/min±0.5℃/min。

C.3.7 样品温度达到预期闪点前 28℃时开始，每隔 2℃将点火器的试焰沿试验杯口中心以 150mm 半径作弧水平扫过一次;从试验杯口的一边至另一边所经过的时间约1s。此时应确认点火器的试焰为直径(4±0.8)mm的火球,并位于坩埚口上方2mm~2.5mm处。

C.3.8 当样品表面出现一瞬即灭的蓝色火焰时,立即从温度计上读记温度,作为试样的闪点。注意勿将试焰四周的蓝白色火焰误认为是闪点火焰。

C.4 报告

C.4.1 同一样品至少进行两次平行试验,两次测定结果的差值不超过重复性试验允许差(8℃)时,取其平均值的整数作为试验结果。

C.4.2 当试验时大气压在95.3kPa以下时,应对闪点的试验结果进行修正,若大气压为95.3kPa~84.3kPa时,修正值为试验结果增加2.8℃;若大气压为84.3kPa~73.3kPa时,修正值为试验结果增加5.5℃。

C.5 精密度或允许差

重复性试验精度的允许差为8℃,再现性试验精度的允许差为16℃。

附 录 D
（规范性附录）
干拌废胎胶粉沥青混合料配合比设计

D.1 一般规定

D.1.1 除本方法另有规定外，其余均应遵照 JTG F40 附录 B 的规定执行。

D.1.2 干拌废胎胶粉改性沥青混合料的配合比设计采用马歇尔试件的体积设计方法进行，马歇尔试验的稳定度和流值并不作为配合比设计接受或者否决的唯一指标。

D.1.3 干拌废胎胶粉改性沥青混合料的目标配合比设计宜按图 D.1 的步骤进行。

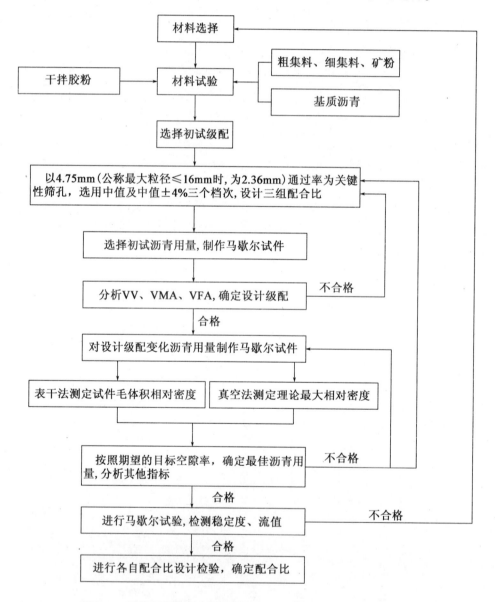

图 D.1 干拌废胎胶粉改性沥青混合料的目标配合比设计流程图

注：当马歇尔试验的稳定度确实不符合要求时，混合料的稳定度可以放宽到 7.5kN，但车辙试验的动稳定度必须合格。

D.2 材料选择

D.2.1 配合比设计的各种矿料必须按 JTG E42 规定的方法,从工程实际使用的材料中取代表性样品,其质量必须符合 4 材料规定的技术要求。

D.2.2 干拌废胎胶粉改性沥青混合料一般采用 70 号重交通道路石油沥青,当已有成功经验证明使用其他种类沥青能满足使用要求时,也可使用。

D.2.3 配合比设计所用的各种材料应符合气候和交通条件的需要,其质量应满足相关技术规范的技术要求。当单一规格的集料某项指标不合格,但不同粒径规格的材料按级配组成的混合料指标符合规范要求时,允许使用。

D.3 初试矿料级配的确定

D.3.1 干拌废胎胶粉改性沥青混合料的工程设计级配范围宜直接采用表 4 规定的矿料级配范围。当干拌废胎胶粉改性沥青混合料的公称最大粒径等于或小于 16mm 时,以 2.36mm 作为粗集料的分界筛孔;当公称最大粒径大于 16mm 时,以 4.75mm 作为粗集料的分界筛孔。

D.3.2 在工程设计级配范围内,调整各种矿料比例设计 3 组不同粗细的初试级配,3 组级配的粗集料骨架分界筛孔的通过率处于级配范围的中值、中值 ±4% 附近。

D.3.3 计算初试级配的矿料的合成毛体积相对密度 γ_{sb}、合成表观相对密度 γ_{sa}、有效相对密度 γ_{se}。其中各种集料的毛体积相对密度、表观相对密度试验方法遵照 JTG E42 的规定进行。

D.3.4 根据工程项目特点,预估混合料的适宜油石比 P_a,作为马歇尔试件的初试油石比。

D.3.5 按照选择的初试油石比和矿料级配制作干拌废胎胶粉改性沥青混合料试件,马歇尔标准击实的次数为双面 75 次,一组马歇尔试件的数目不得少于 4~6 个。

D.3.6 按式(D.1)、式(D.2)、式(D.3)计算沥青混合料试件的空隙率 VV、矿料间隙率 VMA、有效沥青的饱和度 VFA 等体积指标,取 1 位小数,进行体积组成分析,确定设计级配。

$$VV = \left(1 - \frac{\gamma_f}{\gamma_t}\right) \times 100 \tag{D.1}$$

$$VMA = \left(1 - \frac{\gamma_f}{\gamma_{sb}} \times P_s\right) \times 100 \tag{D.2}$$

$$VFA = \frac{VMA - VV}{VMA} \times 100 \tag{D.3}$$

式中:VV——试件的空隙率,%;

γ_f——试件的毛体积相对密度,无量纲;

γ_t——沥青混合料的最大理论相对密度,无量纲;

VMA——试件的矿料间隙率,%;

P_s——各种矿料占沥青混合料总质量的百分率之和(计算时胶粉质量不宜计入矿料质量,而应计入沥青质量中),%;

γ_{sb}——矿料混合料的合成毛体积相对密度,无量纲;

VFA——试件的有效沥青饱和度,%。

D.3.7 从 3 组初试级配的试验结果中确定设计级配时,应要求 VV、VMA、VFA 等指标均满足相关标准和设计要求,当有 1 组以上的级配同时符合要求时,选择粗集料分界筛孔通过率大且 VMA 较大的级配作为设计级配。

D.4 确定最佳沥青用量

D.4.1 根据选择的设计级配和初试油石比试验的空隙率结果,以 0.2%~0.4% 为间隔,调整 3 个以上不同的油石比,拌制混合料,制作马歇尔试件,一组试件数不宜少于4~6个。

D.4.2 采用表干法测定试件的毛体积相对密度,采用真空法测定试件的最大理论相对密度,并计算试件的空隙率等各项体积指标。

D.4.3 进行马歇尔试验,检验稳定度和流值是否符合本标准规定的各项技术要求。

D.4.4 根据期望的目标空隙率,确定油石比,作为最佳油石比OAC。所设计的干拌废胎胶粉改性沥青混合料应符合5.3规定的各项技术要求。

D.4.5 如初试油石比的混合料体积指标恰好符合设计要求时,可以省去D.4.1~D.4.4,但应进行一次复核。

D.5 配合比设计检验

对于所设计的干拌废胎胶粉改性沥青混合料,除检验JTG F40附录B规定的项目外,还应进行肯塔堡飞散试验和谢伦堡沥青析漏试验。配合比设计应符合5.3的技术要求,不符合要求的应重新进行配合比设计。

D.6 配合比设计报告

配合比设计结束后,应及时出具配合比设计报告。